EL PODER
DE LA
ORACIÓN

DR. GREG WOOD

Dedicatoria

A todo creyente que anhela caminar más profundamente con Dios.

1

A la intercesora cansada que ora en lo secreto.

A la abuela fiel que sigue orando por su hijo pródigo.

Al pastor que clama por un avivamiento en su ciudad.

Al joven discípulo que apenas empieza a descubrir el poder de la oración.

Este libro es para ti. Que descubras que la oración no es una carga, sino una bendición; no un deber, sino un deleite; no un ritual, sino una relación.

Y, sobre todo, este libro está dedicado a la gloria de Aquel que escucha cada susurro, recoge cada lágrima y responde cada oración: nuestro Padre Celestial.

Agradecimientos

En primer lugar, doy gracias a Dios, quien en Su misericordia me ha dado tanto el privilegio como la responsabilidad de escribir sobre la oración. Sin Él, estas páginas serían palabras vacías; con Él, llevan vida y verdad.

Estoy profundamente agradecido por los incontables hombres y mujeres de fe cuya vida de oración ha inspirado la mía. Los santos de las Escrituras; Abraham, Ana, Daniel, David y Pablo han sido mis maestros a lo largo de los siglos. Los intercesores de la historia como George Müller, Rees Howells y los Moravos han mostrado lo que Dios puede hacer a través de la oración persistente.

A los pastores, mentores y líderes espirituales que me han guiado con su ejemplo de vidas saturadas de oración: gracias por inspirarme. A mi familia y amigos, quienes me animaron a buscar más de la presencia de Dios, su apoyo ha sido invaluable.

A la Asociación Religiosa El Camino del Rey Internacional en México y a cada uno de sus pastores que por más de 40 años me ha mostrado su cariño, me han dado palabras de motivación y por su apoyo incondicional

A los estudiantes presentes y pasados del Instituto Teológico Fuente de Vida Internacional por confiar en nosotros por su educación teologico.

Finalmente, a cada lector de este libro: gracias por abrir su corazón al llamado de la oración. Mi oración es que estas páginas enciendan un fuego en ustedes que nunca se apague.

Prólogo

La oración es el regalo más poderoso, y al mismo tiempo el más descuidado, que Dios ha dado a Sus hijos. Es el medio por el cual el cielo toca la tierra, el débil se conecta con el Todopoderoso, y lo ordinario recibe poder para vivir de manera extraordinaria.

Este libro no pretende ser un manual de fórmulas ni una guía mecánica de técnicas. Más bien, es un viaje: un llamado a la intimidad con Dios a través de la oración. Cada capítulo explora una dimensión distinta de la oración, tomando como base las Escrituras, la historia y ejemplos prácticos, e incluye también preguntas de reflexión para guiar el crecimiento personal.

Las páginas que siguen están escritas en un estilo de enseñanza y devoción, con la esperanza de que puedan leerse tanto en privado como en grupos pequeños, en tiempos de reflexión silenciosa o en discusiones vivas. Ya sea que recién estés comenzando a descubrir la oración, o que hayas caminado con Dios por muchos años, siempre hay más que descubrir en las profundidades infinitas de Su presencia.

Mi esperanza es sencilla: que este libro despierte en ti una pasión por la oración; un hambre por conocer más profundamente a Dios, confiar en Él más plenamente, y ver Su poder manifestado en tu vida, tu familia, tu iglesia y tu nación.

Mientras lees, que el Espíritu de Dios te lleve a nuevos encuentros con el Dios Vivo. Y que tu vida de oración deje de ser un acto ocasional y se convierta en el latido de tu caminar con Cristo.

DR. GREG WOOD

Para información, permisos o consultas, por favor contacte a:
Dr. Greg Wood
P.O. Box 240
Pharr, Texas 78577
info@fuentedevidamx.org
ISBN:
979-8-90148-223-0
Primera edición – 2025

ÍNDICE

Capítulo 1 – ¿Qué es la Oración?

La Esencia de la Oración

La oración es el deseo sincero del alma, el aliento de la vida espiritual, el latido del corazón de cada creyente. No es simplemente una rutina religiosa o un ritual aprendido; es **comunión con el Dios Vivo**. Cuando oramos, entramos al trono celestial y hablamos con nuestro Padre.

Jesús enseñó a Sus discípulos a orar diciendo: *"Cuando oréis, decid: Padre nuestro que estás en los cielos, santificado sea tu nombre"* (Lucas 11:2). Esto nos muestra que la oración es relacional. No es pedirle a un dios distante, sino hablar con un Padre amoroso que se deleita en escuchar a Sus hijos.

La oración es tanto **conversación como transformación**. En la conversación, derramamos nuestro corazón delante de Dios: nuestras alegrías, cargas, temores y esperanzas. En la transformación, la oración cambia nuestro carácter, alineando nuestra voluntad con la Suya. Como dijo un predicador: *"La oración no cambia a Dios - me cambia a mí."*

Fundamentos Bíblicos de la Oración

Desde los primeros capítulos de la Biblia, encontramos hombres y mujeres que buscaron a Dios en oración. Génesis 4:26 declara: *"...entonces los hombres comenzaron a invocar el nombre de Jehová."*

- **Abraham** oró por Sodoma, intercediendo por misericordia (Génesis 18:23–33).
- **Ana** oró con lágrimas por un hijo, y Dios respondió con Samuel (1 Samuel 1:10–20).
- **Daniel** oraba tres veces al día, aun bajo amenaza de muerte, y Dios cerró la boca de los leones (Daniel 6:10–23).

Estos ejemplos nos recuerdan que la oración no es opcional - es esencial. Cada gran mover de Dios en la historia ha sido precedido por oración.

Ilustraciones de la Oración

Imagina a un niño pequeño corriendo hacia su padre después de un día largo, subiendo a sus brazos y contando todas sus historias. Esa es una imagen de la oración: íntima, confiada y sencilla.

La oración también es como la línea de comunicación de un soldado en medio de la batalla. Sin ella, el soldado queda ciego y vulnerable. Con ella, recibe instrucciones, refuerzos y fortaleza.

¿Por qué Oramos?

1. **Porque Dios lo manda** – *"Orad sin cesar."* (1 Tesalonicenses 5:17)
2. **Porque lo necesitamos** – La oración es oxígeno espiritual. Sin ella, nuestra alma se asfixia.
3. **Porque mueve el cielo** – *"La oración eficaz del justo puede mucho."* (Santiago 5:16).
4. **Porque nos transforma** – La oración ablanda corazones duros, fortalece la fe y renueva fuerzas.

Una Visión Equilibrada de la Oración

La oración no es una fórmula mágica. No se trata de repetir palabras específicas ni de ganarse el favor de Dios. La oración se fundamenta en la **relación y en la fe**. Oramos porque somos hijos de Dios, no para convertirnos en hijos de Dios.

Además, la oración es comunicación de doble vía. Con frecuencia hablamos mucho, pero escuchamos poco. El silencio en la presencia de Dios es tan parte de la oración como nuestras palabras.

La Oración como Transformación

Una de las verdades más poderosas acerca de la oración es que, mientras deseamos que Dios cambie nuestras circunstancias, muchas veces Él usa la oración para cambiarnos a nosotros.

- **Moisés** descendió del monte después de cuarenta días de oración, y su rostro resplandecía con la gloria de Dios (Éxodo 34:29).

- **Jesús** oró en Getsemaní; aunque la copa no pasó, salió fortalecido para cumplir Su misión (Lucas 22:42–43).

- **Pablo** oró para que se le quitara el aguijón, pero Dios respondió: *"Bástate mi gracia; porque mi poder se perfecciona en la debilidad"* (2 Corintios 12:9).

La oración nos transforma a la imagen de Cristo.

Preguntas de Reflexión y Estudio

1. ¿Cómo definirías la oración en tus propias palabras?
2. ¿Por qué crees que los discípulos le pidieron a Jesús que les enseñara a orar, y no a predicar o a hacer milagros?
3. ¿Qué ejemplo bíblico de oración te inspira más; Abraham, Ana, Daniel, u otro? ¿Por qué?
4. ¿Has vivido una situación en la que la oración te cambió más a ti que a tu circunstancia? Reflexiona en ese momento.
5. Dedica 10 minutos hoy para orar solamente adorando a Dios, sin pedir nada. ¿Qué experimentaste?

Capítulo 2 – Por qué la Oración es Poderosa

La Fuente del Poder en la Oración

La oración es poderosa; no por quien ora, sino por Aquel que escucha. La fuerza de la oración no radica en la elocuencia, la longitud ni el volumen de nuestras palabras. El poder de la oración está en el Dios que se sienta en el trono de los cielos y que inclina Su oído hacia Sus hijos. Santiago 5:16 declara: *"La oración eficaz del justo puede mucho."* Esto significa que la oración obra, produce resultados, transforma realidades. Cuando oramos, no estamos lanzando palabras al aire; estamos conectando nuestra debilidad con la omnipotencia de Dios, nuestras limitaciones con Su poder ilimitado.

La Autoridad del Creyente en la Oración

Otra razón por la cual la oración es poderosa es que Jesús delegó autoridad a Sus seguidores. En Juan 14:13–14 Él dijo:

"Y todo lo que pidiereis al Padre en mi nombre, lo haré, para que el Padre sea glorificado en el Hijo. Si algo pidiereis en mi nombre, yo lo haré."

Orar en el nombre de Jesús no es una fórmula que agregamos al final de nuestras oraciones. Es orar bajo la autoridad de Cristo, como si fuera Él mismo quien hiciera la petición. Cuando un creyente ora en fe, en el nombre de Jesús, el cielo responde.

Evidencias Bíblicas del Poder de la Oración

- **Elías** oró, y el cielo se cerró por tres años y medio. Oró otra vez, y los cielos dieron lluvia (1 Reyes 17–18; Santiago 5:17–18).
- **Josué** oró, y el sol se detuvo hasta que Israel venció a sus enemigos (Josué 10:12–14).

- **Ezequías** oró por sanidad, y Dios añadió quince años a su vida (2 Reyes 20:1–6).
- **La iglesia primitiva** oró mientras Pedro estaba en la cárcel, y un ángel lo liberó milagrosamente (Hechos 12:5–11).

En cada caso, la oración no solo cambió situaciones: ¡cambió destinos!

Ilustraciones del Poder de la Oración

La oración es como un cable eléctrico conectado a la fuente de energía. La lámpara en sí misma no tiene poder, pero al conectarse a la corriente, la luz brilla. La oración conecta al creyente con la fuente divina de poder.

Otra ilustración: la oración es como una llave que abre una puerta cerrada. Detrás de esa puerta hay provisión, sanidad, paz y victoria. Sin oración, la puerta permanece cerrada. Con oración, Dios abre lo que nadie puede cerrar (Apocalipsis 3:7).

Testimonios de la Historia

- En **1857**, Jeremiah Lanphier comenzó una reunión de oración al mediodía en Nueva York con solo seis personas. En seis meses, 10,000 hombres de negocios se reunían diariamente. Ese avivamiento de oración se extendió por todo Estados Unidos, trayendo miles de conversiones.
- Durante la **Segunda Guerra Mundial**, Rees Howells y un grupo de intercesores en Gales oraron fervientemente por el curso de la guerra. Muchos historiadores creen que sus oraciones cambiaron la dirección de batallas clave.
- En el **Avivamiento de las Hébridas** (1949–1952), dos ancianas oraron fielmente por su isla. Sus oraciones

encendieron un avivamiento que transformó la comunidad entera.

La historia testifica: la oración no es débil, es un arma poderosa.

¿Qué Hace Poderosa a la Oración?

1. **La oración invita la presencia de Dios** – Él habita en la alabanza de Su pueblo (Salmo 22:3).
2. **La oración desata el poder de Dios** – El cielo responde con milagros y maravillas.
3. **La oración nos alinea con la voluntad de Dios** – Jesús oró: *"No se haga mi voluntad, sino la tuya"* (Lucas 22:42).
4. **La oración fortalece nuestra fe** – Cada respuesta nos impulsa a confiar más.
5. **La oración derrota al enemigo** – Es parte de nuestra armadura espiritual (Efesios 6:18).

La Diferencia Entre Palabras Vacías y Oración Poderosa

No toda oración tiene poder. Jesús advirtió contra las repeticiones vanas (Mateo 6:7). Las oraciones que mueven a Dios son:

- **Sinceras** – Nacen de un corazón genuino.
- **Llenas de fe** – Se basan en las promesas de Dios.
- **Persistentes** – Continúan aun cuando el cielo parece callar.
- **Alineadas** – Buscan la voluntad de Dios antes que la nuestra.

El fariseo en Lucas 18 oró con orgullo y no recibió nada. El publicano oró con humildad y fue justificado.

Preguntas de Reflexión y Estudio

1. ¿Cuál es la verdadera fuente del poder en la oración?

2. ¿Cómo cambia tu perspectiva orar "en el nombre de Jesús"?
3. ¿Qué ejemplo bíblico de oración contestada te inspira más?
4. ¿Has experimentado una respuesta a la oración que transformó una situación en tu vida?
5. ¿Qué ajustes necesitas hacer para pasar de una oración ritual a una oración llena de poder?

Capítulo 3 – La Vida de Oración de Jesús

Jesús: Nuestro Modelo Perfecto de Oración

Si hay una vida que demuestra el poder, el propósito y la práctica de la oración, es la vida de Jesucristo. Aunque Él era el Hijo de Dios - igual al Padre - en la tierra modeló una vida de dependencia constante en la oración. Sus discípulos lo vieron sanar enfermos, echar fuera demonios, resucitar muertos y predicar con autoridad. Sin embargo, no le pidieron: *"Señor, enséñanos a predicar"* ni *"Señor, enséñanos a hacer milagros."* Ellos dijeron: *"Señor, enséñanos a orar"* (Lucas 11:1). Reconocieron que el secreto de Su poder estaba en Su vida de oración.

Jesús Oraba Temprano y con Frecuencia

Marcos 1:35 nos da un vistazo: *"Levantándose muy de mañana, siendo aún muy oscuro, salió y se fue a un lugar desierto, y allí oraba."*

Antes de comenzar el día, antes de enfrentar las demandas del ministerio, Jesús priorizaba la oración. Entre más ocupado estaba, más se apartaba a orar. Esto contrasta con muchos creyentes que descuidan la oración cuando la vida se llena de responsabilidades. Jesús nos muestra que mientras mayor es la carga, mayor debe ser la oración.

Lucas 5:16 añade: *"Mas él se apartaba a lugares desiertos, y oraba."* Para Jesús, la oración no era ocasional, era un estilo de vida.

Momentos Claves de Oración en la Vida de Jesús

1. **En Su Bautismo** – Mientras oraba, el cielo se abrió y el Espíritu Santo descendió sobre Él (Lucas 3:21–22).
2. **Antes de Escoger a los Doce** – Pasó toda la noche en oración antes de nombrar a Sus apóstoles (Lucas 6:12–13).
3. **Antes de Multiplicar los Panes** – Oró y bendijo los alimentos, y estos se multiplicaron en Sus manos (Juan 6:11).
4. **En la Tumba de Lázaro** – Oró antes de resucitar a Lázaro,

mostrando que los milagros fluyen de la comunión con el Padre (Juan 11:41-42).

5. **En la Transfiguración** – Mientras oraba, Su rostro resplandeció con gloria (Lucas 9:28-29).

6. **En Getsemaní** – Oró con tal intensidad que Su sudor fue como grandes gotas de sangre (Lucas 22:44).

7. **En la Cruz** – Sus últimas palabras fueron oraciones: *"Padre, perdónalos"* (Lucas 23:34); *"Dios mío, Dios mío, ¿por qué me has desamparado?"* (Mateo 27:46); *"Padre, en tus manos encomiendo mi espíritu"* (Lucas 23:46).

El Secreto del Poder de Jesús

Cada milagro, cada enseñanza, cada decisión fluyó de Su vida de oración. Él mismo declaró en Juan 5:19: *"No puede el Hijo hacer nada por sí mismo, sino lo que ve hacer al Padre."*

¿Cómo veía Jesús lo que hacía el Padre? A través de la comunión íntima en oración.

Si Jesús, siendo Dios hecho carne, dependió de la oración para cumplir Su misión, ¡cuánto más la necesitamos nosotros!

Lecciones de la Vida de Oración de Jesús

1. **La Oración Debe Ser Prioridad** – Jesús oró en la mañana, en la noche, en soledad, en público, antes de milagros y en tiempos de crisis.

2. **La Oración Prepara para el Propósito** – Antes de grandes decisiones o retos, Jesús se apartaba a orar.

3. **La Oración Sostiene en el Sufrimiento** – En Getsemaní, no oró para escapar de la cruz, sino para tener fuerzas de enfrentarla.

4. **La Oración se Basa en Relación** – Siempre se dirigió a Dios como Padre, mostrándonos que la oración fluye de una relación amorosa, no de rituales vacíos.

Ilustración

Un violinista prepara un concierto en un gran auditorio. Para el público, la música es perfecta. Pero lo que ellos no ven son las horas invertidas afinando el instrumento antes de salir al escenario. Sin afinar, la música sería disonante. Así era la oración para Jesús: el "afinar" de Su vida, que lo mantenía en armonía con la voluntad del Padre.

Ejemplos Modernos que Siguen el Modelo de Jesús

- **John Wesley**, fundador del metodismo, se levantaba a las 4 a.m. para pasar dos horas en oración. Él dijo: *"Dios no hace nada si no es en respuesta a la oración."*

- **Smith Wigglesworth**, evangelista de milagros, raramente oraba más de 30 minutos seguidos, pero nunca pasaba más de 30 minutos sin orar.

- **Madre Teresa** pasaba largas horas en oración, y de esa intimidad sacaba fuerza para servir a los pobres.

Preguntas de Reflexión y Estudio

1. Si Jesús era Dios, ¿por qué necesitaba orar constantemente?
2. ¿Qué momento de oración en la vida de Jesús habla más a tu situación actual?
3. ¿Cómo puedes hacer de la oración una prioridad diaria, como lo hizo Jesús?
4. ¿Qué decisiones importantes en tu vida necesitan ser bañadas en oración?
5. Esta semana, aparta un tiempo prolongado para orar siguiendo el ejemplo de Jesús: comienza con adoración, escucha, entrega tu voluntad, y luego presenta tus peticiones.

Capítulo 4 – El Espíritu Santo y la Oración

El Papel del Espíritu Santo en la Oración

La vida cristiana es imposible sin el Espíritu Santo. Él es nuestro Consolador, Maestro y Guía. Y cuando se trata de la oración, es nuestro más grande Ayudador. Pablo escribe en Romanos 8:26–27:

"Y de igual manera el Espíritu nos ayuda en nuestra debilidad; pues qué hemos de pedir como conviene, no lo sabemos, pero el Espíritu mismo intercede por nosotros con gemidos indecibles. Mas el que escudriña los corazones sabe cuál es la intención del Espíritu, porque conforme a la voluntad de Dios intercede por los santos."

Esto significa que la oración no depende únicamente de nuestra fuerza o capacidad. El Espíritu viene en nuestra ayuda, guiándonos, fortaleciéndonos e incluso orando a través de nosotros cuando las palabras fallan.

Nuestra Debilidad en la Oración

Pablo reconoce: *"No sabemos qué hemos de pedir como conviene."* ¡Qué cierto es esto!

- A veces no sabemos **qué** pedir, porque nuestro entendimiento es limitado.
- A veces no sabemos **cómo** orar, porque nuestras palabras parecen insuficientes.
- A veces no sabemos **cuándo** o **por qué** suceden las cosas.

Pero la buena noticia es que el Espíritu no nos deja en nuestra debilidad. Él toma nuestras palabras rotas, nuestras lágrimas y aún nuestro silencio, y los convierte en intercesión poderosa delante del trono de Dios.

Orar en el Espíritu

Pablo exhorta en Efesios 6:18: *"Orando en todo tiempo con toda oración y súplica en el Espíritu..."*

Orar en el Espíritu no significa simplemente recitar oraciones, sino permitir que el Espíritu Santo inspire, dirija y dé vida a nuestras oraciones. Esto puede incluir:

- **Orar con entendimiento** – cuando el Espíritu nos ilumina la Palabra y oramos con sabiduría bíblica.
- **Orar con dirección** – cuando el Espíritu nos guía a interceder por personas o situaciones que no habíamos considerado.
- **Orar en lenguas** – cuando el Espíritu nos da expresiones más allá de nuestro lenguaje natural (1 Corintios 14:2).
- **Orar con denuedo** – cuando el Espíritu nos da valentía para pedir en fe sin temor.

La Intercesión del Espíritu

Hay momentos en que el alma está tan cargada que no podemos expresar con palabras lo que sentimos. En esos momentos, el Espíritu intercede con gemidos profundos. Esta es la oración más pura: cuando el Espíritu mismo ruega por nosotros y a través de nosotros.

Jesús, en Getsemaní, oró con agonía, y un ángel lo fortaleció (Lucas 22:43). De manera semejante, el Espíritu Santo nos fortalece cuando la oración parece demasiado pesada para cargarla solos.

El Espíritu y la Guerra Espiritual

La oración no es solo comunión con Dios, también es confrontación con el enemigo. Por eso Pablo incluye la oración en la armadura de Dios (Efesios 6:18).

Así como un soldado depende de la estrategia de su comandante, nosotros dependemos del Espíritu para guiarnos en la batalla espiritual. Él nos impulsa a orar contra la opresión demoníaca, a interceder por avivamiento y a clamar por los que están bajo ataque.

La oración guiada por el Espíritu es oración de guerra.

Testimonios Bíblicos e Históricos

- **Los Moravos** (1700s) comenzaron una cadena de oración continua, día y noche, que duró más de 100 años. De allí nació un poderoso movimiento misionero.
- **Evan Roberts**, un joven galés, fue tan dirigido por el Espíritu en oración que el Avivamiento de Gales de 1904 barrió la nación, trayendo a miles a Cristo.
- Hoy día, incontables creyentes testifican de cómo el Espíritu los impulsó a orar por alguien justo en el momento preciso en que esa persona más lo necesitaba.

El Espíritu sabe lo que nosotros no sabemos, ve lo que no vemos y nos mueve a orar conforme al plan de Dios.

Ilustración

La oración sin el Espíritu es como un velero sin viento. El barco puede estar en el agua con las velas levantadas, pero sin viento, no avanza. Cuando el Espíritu Santo sopla, las velas se llenan y el barco se mueve con poder y dirección. Así es la oración cuando el Espíritu la guía.

Cómo Cultivar la Oración Guiada por el Espíritu

1. **Ríndete al Espíritu** – Comienza cada oración pidiendo que Él guíe tus pensamientos y palabras.
2. **Ora la Palabra** – El Espíritu siempre se alinea con la Escritura.
3. **Escucha** – Haz silencio y permite que Él impresione cargas o revelaciones en tu corazón.
4. **Ora en lenguas (si tienes el don)** – Deja que el Espíritu ore misterios más allá de tu entendimiento.
5. **Mantente sensible** – Está dispuesto a orar en cualquier momento que el Espíritu te impulse.

Preguntas de Reflexión y Estudio

1. ¿Qué significa para ti que el Espíritu "nos ayuda en nuestra debilidad" cuando oramos?

2. ¿Recuerdas un momento en que no sabías cómo orar, pero sentiste al Espíritu intercediendo en ti?

3. ¿Qué pasos prácticos puedes tomar para orar "en el Espíritu" cada día?

4. ¿Cómo equipa la oración guiada por el Espíritu para enfrentar la guerra espiritual?

5. Esta semana, aparta un tiempo de oración y pídele al Espíritu que te muestre específicamente por quién o por qué interceder.

Capítulo 5 – Obstáculos para la Oración

La Realidad de las Barreras en la Oración

Aunque la oración es poderosa, muchos creyentes experimentan temporadas en las que sus oraciones parecen ineficaces o estancadas. Oran y sienten que los cielos están cerrados, como si sus palabras rebotaran en el techo.

La Biblia nos enseña claramente que existen **obstáculos** que pueden bloquear, retrasar o debilitar nuestras oraciones. Así como una tubería obstruida restringe el flujo del agua, ciertos pecados, actitudes y condiciones pueden restringir el fluir de las respuestas divinas.

1. Pecado no Confesado

El salmista declara en Salmo 66:18: *"Si en mi corazón hubiese yo mirado a la iniquidad, el Señor no me habría escuchado."*

El pecado no confesado crea distancia entre nosotros y Dios. Aunque Él es misericordioso, exige arrepentimiento antes de responder a nuestras súplicas.

- **Ejemplo:** En Isaías 59:2 Dios dice: *"Vuestras iniquidades han hecho división entre vosotros y vuestro Dios, y vuestros pecados han hecho ocultar de vosotros su rostro para no oír."*
- **Aplicación:** Antes de pedir bendiciones, debemos pedir limpieza: *"Si confesamos nuestros pecados, él es fiel y justo para perdonar nuestros pecados, y limpiarnos de toda maldad"* (1 Juan 1:9).

2. Falta de Perdón

Jesús enseñó en Marcos 11:25: *"Y cuando estéis orando, perdonad, si tenéis algo contra alguno, para que también vuestro Padre que está en los cielos os perdone a vosotros vuestras ofensas."*

La amargura y la falta de perdón son obstáculos graves en la oración porque entristecen al Espíritu Santo. Dios no puede derramar Su misericordia sobre nosotros si la retenemos hacia otros.

- **Ilustración:** El creyente que guarda rencor es como alguien que trata de beber agua fresca de un pozo mientras mantiene la tapa cerrada. El perdón abre el fluir.

3. Motivos Incorrectos

Santiago 4:3 advierte: *"Pedís, y no recibís, porque pedís mal, para gastar en vuestros deleites."*

Las oraciones motivadas por egoísmo, codicia u orgullo son estériles. La oración no es un medio para manipular a Dios a que haga nuestra voluntad, sino un canal para alinearnos con Su voluntad.

- **Ejemplo:** El fariseo en Lucas 18 oró para exaltarse a sí mismo, mientras que el publicano oró con humildad y fue justificado.

4. Duda e Incredulidad

La fe es esencial para la oración. Hebreos 11:6 dice: *"Pero sin fe es imposible agradar a Dios."* Cuando oramos sin creer, nuestras oraciones pierden poder.

Santiago 1:6–7 advierte que quien duda es como una ola de la mar llevada por el viento: *"No piense, pues, quien tal haga, que recibirá cosa alguna del Señor."*

- **Aplicación:** La fe es el ancla de la oración. La incredulidad corta esa cuerda y nos deja a la deriva.

5. Negligencia de la Palabra de Dios

La oración y la Palabra van de la mano. Juan 15:7 dice: *"Si permanecéis en mí, y mis palabras permanecen en vosotros, pedid todo lo que queréis, y os será hecho."*

Un cristiano que ora sin la Palabra corre el riesgo de tener oraciones superficiales. Pero cuando la Palabra llena nuestro corazón, nuestras oraciones se alinean con la voluntad de Dios.

• **Ilustración:** El fuego se aviva cuando se le agrega leña. De la misma manera, la oración se fortalece cuando se alimenta con la Escritura.

6. Relaciones Quebrantadas

1 Pedro 3:7 advierte a los esposos que deben honrar a sus esposas, *"para que vuestras oraciones no tengan estorbo."*

Jesús también enseñó en Mateo 5:23–24 que si recordamos que un hermano tiene algo contra nosotros, debemos reconciliarnos antes de presentar nuestra ofrenda a Dios. Las relaciones quebrantadas afectan nuestra comunión con el Padre.

7. Distracción y Falta de Disciplina

A veces el mayor obstáculo a la oración no es un pecado evidente, sino simplemente la **negligencia**. Las preocupaciones, el trabajo y las distracciones del mundo moderno nos roban el tiempo de estar en la presencia de Dios.

• **Ejemplo:** En Getsemaní, los discípulos no pudieron velar ni una hora en oración. Jesús les dijo: *"Velad y orad, para que no entréis en tentación"* (Mateo 26:41).

• **Aplicación:** Descuidar la oración nos deja débiles y vulnerables espiritualmente.

Cómo Quitar los Obstáculos

La buena noticia es que Dios nos da provisión para derribar cada barrera:

1. **Arrepentirse del pecado** – Confesar y apartarse (1 Juan 1:9).
2. **Perdonar a otros** – Liberar ofensas y escoger amar (Colosenses 3:13).

3. **Examinar motivos** – Buscar siempre la gloria de Dios (Mateo 6:33).
4. **Fortalecer la fe** – Aumentar la fe en la Palabra (Romanos 10:17).
5. **Vivir en la Palabra** – Orar conforme a las Escrituras (Juan 15:7).
6. **Buscar reconciliación** – Vivir en paz con los demás (Hebreos 12:14).
7. **Disciplinar la vida de oración** – Establecer tiempos regulares y consistentes.

Ilustración

Intentar orar con obstáculos es como manejar un auto deportivo con el freno de mano puesto. No importa cuán fuerte sea el motor, el vehículo no avanzará correctamente. Cuando quitamos los estorbos, la oración fluye libremente y el poder de Dios se manifiesta plenamente.

Preguntas de Reflexión y Estudio

1. ¿Cuál de estos obstáculos; pecado, falta de perdón, motivos incorrectos, incredulidad, descuido de la Palabra, relaciones quebrantadas o distracciones es el que más enfrentas?
2. ¿Has pasado por una temporada en la que tus oraciones parecían bloqueadas? ¿Cuál fue la causa?
3. ¿Cómo puedes hacer del arrepentimiento y el perdón una parte regular de tu vida de oración?
4. ¿Qué pasos prácticos puedes dar para fortalecer tu fe y vencer la incredulidad?
5. Esta semana, pide al Espíritu Santo que te muestre cualquier obstáculo en tu vida. Escríbelo y toma acción para removerlo.

Capítulo 6 – Orar con Fe

La Fe: El Fundamento de la Oración Eficaz

La oración sin fe es como un pájaro sin alas: no puede elevarse. La fe es el ingrediente esencial que le da poder a la oración. Hebreos 11:6 dice: *"Pero sin fe es imposible agradar a Dios; porque es necesario que el que se acerca a Dios crea que le hay, y que es galardonador de los que le buscan."*

La fe no es pensamiento positivo ni simple optimismo humano. La fe es la confianza firme en el carácter, las promesas y el poder de Dios. Cuando oramos con fe, no estamos esperando vagamente que algo *pueda* suceder; estamos confiando con seguridad en que Dios oye, Dios se interesa y Dios responde.

La Oración de Fe

Santiago 5:15 declara: *"Y la oración de fe salvará al enfermo, y el Señor lo levantará."*

La oración de fe no es solo palabras, sino oración impregnada de expectativa, enraizada en la Palabra de Dios y sometida a Su voluntad. Características de la oración de fe:

1. **Confía en la naturaleza de Dios** – Cree que Él es bueno, fiel y amoroso.
2. **Se fundamenta en la Palabra de Dios** – Reclama lo que ya ha prometido.
3. **Persevera en el tiempo de Dios** – Espera aun cuando la respuesta se retrasa.
4. **Se somete a la voluntad de Dios** – Como Jesús oró: *"No se haga mi voluntad, sino la tuya."* (Lucas 22:42).

Ejemplos Bíblicos de Oración con Fe

- **Ana** oró con lágrimas y fe por un hijo, y Dios le respondió con

Samuel (1 Samuel 1:10–20).

- **Elías** oró por lluvia después de tres años de sequía. Aunque el cielo estaba despejado, oró persistentemente hasta que apareció una pequeña nube (1 Reyes 18:41–45).
- **El centurión** en Mateo 8 creyó que Jesús podía sanar a su siervo con solo una palabra. Jesús se maravilló de su fe y le concedió lo pedido.
- **La mujer con flujo de sangre** creyó que con solo tocar el manto de Jesús sería sana. Su fe atrajo el poder de Dios (Marcos 5:25–34).

La fe no ignora la realidad de los problemas, pero ve más allá de las circunstancias hacia la grandeza de Dios.

Venciendo la Duda en la Oración

La duda es enemiga de la fe. Santiago 1:6–7 advierte: *"Pero pida con fe, no dudando nada; porque el que duda es semejante a la onda del mar... No piense, pues, quien tal haga, que recibirá cosa alguna del Señor."*
¿Cómo vencer la duda?

1. **Conocer la Palabra de Dios** – *"La fe es por el oír, y el oír, por la palabra de Dios."* (Romanos 10:17).
2. **Recordar la fidelidad de Dios** – Meditar en respuestas pasadas a la oración.
3. **Rechazar voces negativas** – Callar el temor y la incredulidad.
4. **Rodearse de creyentes** – La fe crece cuando oramos en acuerdo con otros.
5. **Enfocarse en Dios y no en el problema** – Pedro caminó sobre el agua mientras miraba a Jesús; cuando miró la tormenta, comenzó a hundirse (Mateo 14:30).

Fe en Respuestas Retrasadas

A veces la mayor prueba de fe es esperar. Abraham esperó 25 años por el hijo prometido. José soñó con grandeza, pero antes fue vendido, traicionado y encarcelado antes de ver cumplido el plan de Dios. La fe no solo cree en respuestas inmediatas, sino que confía en el tiempo perfecto de Dios. Isaías 40:31 declara: *"Pero los que esperan a Jehová tendrán nuevas fuerzas."*

El Equilibrio Entre Fe y la Voluntad de Dios

La verdadera fe no consiste en exigirle a Dios que haga lo que nosotros queremos, sino en confiar que Él hará lo que es mejor. Jesús nos mostró este equilibrio en Getsemaní: *"Padre mío, si es posible, pase de mí esta copa; pero no sea como yo quiero, sino como tú."* (Mateo 26:39).

La fe no contradice la entrega; la verdadera fe se apoya en que la voluntad de Dios es siempre mejor que la nuestra.

Ilustración

Un niño salta a la piscina en brazos de su padre. No calcula la profundidad del agua ni los riesgos. Salta porque confía. Así es la oración de fe: dar el salto porque sabemos que nuestro Padre nos sostendrá.

Testimonios de Fe en la Historia

- **George Müller** dirigió orfanatos en Inglaterra sin pedir dinero a nadie, solo a Dios en oración. Sus diarios registran más de 50,000 oraciones contestadas.

- **Smith Wigglesworth**, conocido como el "apóstol de la fe", oró con denuedo por los enfermos, y multitudes fueron sanadas. Él decía: *"Dios pasará por encima de mil hombres para encontrar uno que le crea."*

- Miles de creyentes hoy testifican de provisión financiera, sanidades, restauración de matrimonios y salvación de familiares como respuesta a oraciones llenas de fe.

Cómo Practicar la Oración de Fe

1. **Anclar cada oración en la Escritura** – Encuentra un versículo que respalde tu petición.
2. **Orar con acción de gracias** – Agradece a Dios de antemano, como si la respuesta ya hubiera llegado (Filipenses 4:6).
3. **Hablar palabras de vida** – No canceles tu oración con palabras de duda.
4. **Llevar un diario de oración** – Registra peticiones y respuestas para fortalecer tu fe.
5. **Orar con valentía** – Acércate al trono de gracia con confianza (Hebreos 4:16).

Preguntas de Reflexión y Estudio

1. ¿Qué significa para ti "la oración de fe"?
2. ¿Recuerdas un momento en que Dios contestó una oración que requirió gran fe de tu parte?
3. ¿En qué área de tu vida Dios te está llamando ahora a confiar más profundamente en Él?
4. ¿Qué promesas bíblicas puedes comenzar a declarar en tus oraciones actuales?
5. Esta semana, elige una petición y ora diariamente con fe, agradeciendo a Dios de antemano por la respuesta.

Capítulo 7 – Diferentes Tipos de Oración

La Riqueza de la Oración

La oración no es un acto unidimensional. Así como en una relación sana existen momentos de conversación, escucha, gratitud, peticiones e incluso reconciliación, la oración tiene diversas expresiones.

Pablo escribe en Efesios 6:18: *"Orando en todo tiempo con toda oración y súplica en el Espíritu, y velando en ello con toda perseverancia y súplica por todos los santos."* La frase **"toda oración"** nos indica que existen diferentes tipos de oración, cada uno con su propósito particular.

1. La Oración de Adoración

La adoración en la oración no se centra en lo que Dios puede hacer por nosotros, sino en quién es Él. Es alabanza pura.

- **Texto bíblico:** *"Padre nuestro que estás en los cielos, santificado sea tu nombre."* (Mateo 6:9).
- **Ejemplo:** Muchos salmos de David comienzan exaltando a Dios antes de presentar peticiones.
- **Aplicación:** Empieza tu tiempo de oración alabando Su grandeza, Su santidad y Su amor.

Ilustración: La adoración es como estar en la cima de una montaña contemplando el paisaje: nos llena de asombro ante la grandeza de Dios.

2. La Oración de Confesión

La confesión reconoce nuestros pecados y fracasos delante de Dios. Es el río de limpieza que restaura nuestra comunión con Él.

- **Texto bíblico:** *"Si confesamos nuestros pecados, él es fiel y justo para perdonar nuestros pecados, y limpiarnos de toda maldad."* (1 Juan 1:9).
- **Ejemplo:** El salmo 51 registra la confesión de David después

de su pecado con Betsabé.

- **Aplicación:** Haz de la confesión un hábito, no solo cuando sientas culpa.

Ilustración: La confesión es como abrir una ventana para dejar entrar aire fresco que limpia lo viciado.

3. La Oración de Acción de Gracias

La gratitud es un aspecto vital de la oración. Dar gracias nos mantiene humildes y alegres.

- **Texto bíblico:** *"Dad gracias en todo, porque esta es la voluntad de Dios para con vosotros en Cristo Jesús."* (1 Tesalonicenses 5:18).
- **Ejemplo:** Pablo, aun en prisión, escribía cartas llenas de agradecimiento.
- **Aplicación:** Haz una lista de gratitud y agradece a Dios no solo por respuestas, sino también por Sus misericordias diarias.

Ilustración: La acción de gracias es como regar una planta: hace que las raíces de la fe crezcan más fuertes.

4. La Oración de Súplica (Petición Personal)

La súplica es traer nuestras necesidades y deseos personales a Dios.

- **Texto bíblico:** *"Por nada estéis afanosos, sino sean conocidas vuestras peticiones delante de Dios en toda oración y ruego, con acción de gracias."* (Filipenses 4:6).
- **Ejemplo:** Ana rogó con lágrimas por un hijo y Dios le respondió (1 Samuel 1:10–20).
- **Aplicación:** Sé específico en tus peticiones. Dios se deleita en responder a Sus hijos.

Ilustración: La súplica es como un niño que extiende su vaso vacío a una fuente confiando que será llenado.

5. La Oración de Intercesión

La intercesión es orar en favor de otros, ponerse en la brecha por personas, familias, naciones o situaciones.

- **Texto bíblico:** *"Exhorto ante todo, a que se hagan rogativas, oraciones, peticiones y acciones de gracias, por todos los hombres."* (1 Timoteo 2:1).
- **Ejemplo:** Abraham intercedió por Sodoma; Moisés intercedió por Israel.
- **Aplicación:** Haz una lista de personas por las cuales orar diariamente.

Ilustración: La intercesión es como sostener una cuerda para alguien que escala una montaña: ayudamos a asegurar su camino.

6. La
Oración de Acuerdo

Cuando dos o más creyentes se unen en fe por una petición, el poder se multiplica.

- **Texto bíblico:** *"Otra vez os digo, que si dos de vosotros se pusieren de acuerdo en la tierra acerca de cualquiera cosa que pidieren, les será hecho por mi Padre que está en los cielos."* (Mateo 18:19).
- **Ejemplo:** La iglesia primitiva oró unánime en Hechos 4 y el lugar tembló con poder.
- **Aplicación:** Únete a otros creyentes para orar juntos en fe.

Ilustración: La oración de acuerdo es como varias personas empujando un vehículo varado: juntos logran lo que uno solo no podría.

7. La Oración de Guerra Espiritual

Este tipo de oración confronta las tinieblas, derriba fortalezas y afirma el Reino de Dios.

- **Texto bíblico:** *"Porque las armas de nuestra milicia no son carnales, sino poderosas en Dios para la destrucción de fortalezas."* (2 Corintios 10:4).
- **Ejemplo:** Pablo intercedía contra la oposición espiritual en sus viajes misioneros.
- **Aplicación:** Vístete con la armadura de Dios (Efesios 6:10–18) y ora con autoridad en el nombre de Jesús.

Ilustración: La oración de guerra es como un soldado que pide refuerzos aéreos: el respaldo del cielo viene a la batalla.

Modelos Prácticos de Oración

- **Modelo ACTS** – Adoración (Adoration), Confesión (Confession), Acción de Gracias (Thanksgiving), Súplica (Supplication).
- **El Padre Nuestro** – Incluye adoración, rendición a la voluntad de Dios, petición de provisión, perdón y liberación (Mateo 6:9–13).
- **Orar con los Salmos** – Usar la Palabra como guía de oración.

El Balance en la Oración

Si nuestra vida de oración consiste solo en pedir, se vuelve superficial. Pero cuando añadimos adoración, confesión, acción de gracias, intercesión, acuerdo y guerra espiritual, la oración se vuelve rica y poderosa. Así como una dieta balanceada nutre el cuerpo, una oración equilibrada fortalece el alma.

Preguntas de Reflexión y Estudio

1. ¿Qué tipo de oración practicas más a menudo? ¿Cuál practicas menos?
2. ¿Por qué es importante comenzar la oración con adoración antes de pedir?
3. ¿Por quién puedes comenzar a interceder diariamente?
4. ¿Cómo podrías aplicar el modelo ACTS en tu rutina de oración esta semana?
5. Elige un tipo de oración (adoración, confesión, acción de gracias, súplica, intercesión, acuerdo o guerra espiritual) y practícalo por 15 minutos hoy.

Capítulo 8 – Oración y Ayuno

El Poder de Combinar la Oración con el Ayuno

La oración por sí sola es poderosa. Pero cuando se combina con el ayuno, se convierte en una fuerza espiritual que trae rompimiento. El ayuno es el acto voluntario de dejar a un lado los alimentos u otros placeres legítimos para un propósito espiritual. No se trata de castigar el cuerpo, sino de enfocar el espíritu en Dios.

Jesús mismo asumió que Sus discípulos ayunarían. En Mateo 6:16 dijo: *"Cuando ayunéis, no seáis austeros, como los hipócritas..."* Nótese que no dijo *"si"* ayunáis, sino *"cuando"*. Eso significa que el ayuno no es opcional, sino esperado en la vida del creyente.

Fundamentos Bíblicos del Ayuno

A lo largo de la Biblia, hombres y mujeres de Dios ayunaron en tiempos de crisis, decisiones, arrepentimiento o búsqueda de avivamiento.

- **Moisés** ayunó 40 días en el monte antes de recibir los Diez Mandamientos (Éxodo 34:28).
- **David** ayunó buscando la misericordia de Dios (Salmo 35:13).
- **Ester** llamó a un ayuno de tres días antes de presentarse ante el rey, trayendo liberación a su pueblo (Ester 4:16).
- **Daniel** ayunó de manjares delicados buscando entendimiento de parte de Dios (Daniel 10:2–3).
- **Jesús** ayunó 40 días en el desierto antes de comenzar Su ministerio (Mateo 4:2).
- **La iglesia primitiva** ayunaba antes de enviar misioneros y tomar decisiones importantes (Hechos 13:2–3).

En cada caso, el ayuno agudizó el enfoque espiritual, humilló el corazón y desató intervención divina.

Lo que el Ayuno Es (y lo que No Es)

- El ayuno es:
  - Abstenerse de alimentos (o ciertos alimentos) por un tiempo para buscar a Dios.
  - Una manera de humillarnos delante de Él (Salmo 69:10).
  - Una disciplina espiritual que nos alinea con Su voluntad.
  - Una forma de intensificar nuestra oración.

- El ayuno no es:
  - Una huelga de hambre para forzar la mano de Dios.
  - Una forma de ganar justicia.
  - Un espectáculo para ser visto por otros (Mateo 6:16–18).

¿Por Qué la Oración y el Ayuno Traen Rompimiento?

1. **El ayuno nos humilla** – Nos recuerda nuestra total dependencia de Dios.
2. **El ayuno elimina distracciones** – Callamos la carne y afinamos el oído espiritual.
3. **El ayuno fortalece la oración** – *"Ayunamos, pues, y pedimos a nuestro Dios sobre esto, y él nos fue propicio."* (Esdras 8:23).
4. **El ayuno trae liberación** – Jesús dijo que ciertos demonios solo salen con oración y ayuno (Marcos 9:29).
5. **El ayuno prepara para nuevas asignaciones** – Antes de misiones importantes, la iglesia primitiva ayunaba (Hechos 13:2–3).

Tipos de Ayuno

- **Ayuno completo** – Abstenerse de todo alimento, tomando solo agua (como Jesús y Moisés).
- **Ayuno parcial** – Limitar ciertos alimentos o comidas (como Daniel).
- **Ayuno colectivo** – Un grupo que ayuna con un propósito común (como el pueblo en tiempos de Ester).
- **Ayuno personal** – Una decisión individual en intimidad con Dios.
- **Ayuno no alimenticio** – Abstenerse de distracciones como medios o entretenimiento para buscar a Dios más intencionalmente.

Testimonios Bíblicos e Históricos

- **Nínive** ayunó y se arrepintió al mensaje de Jonás, y Dios detuvo el juicio (Jonás 3:5–10).
- En el **Avivamiento de Gales (1904)**, creyentes se entregaron a oración y ayuno, y el fuego se esparció por la nación.
- En tiempos modernos, muchos líderes cristianos testifican que el ayuno abrió puertas, proveyó recursos y rompió cadenas espirituales.

Ilustración

El ayuno es como afilar un hacha. Una hacha sin filo requiere mucho esfuerzo y produce poco. La oración sin ayuno es poderosa, pero a veces se vuelve opaca por distracciones. El ayuno agudiza el filo espiritual, permitiendo que la oración corte con mayor fuerza en el ámbito espiritual.

Consejos Prácticos para el Ayuno

1. **Empieza poco a poco** – Comienza con una comida o un día, y aumenta gradualmente.
2. **Mantente hidratado** – Bebe agua y cuida tu salud.
3. **Sustituye comidas por oración** – No se trata solo de pasar hambre, sino de buscar a Dios.
4. **Aliméntate de la Palabra** – Lee y medita en las Escrituras durante el ayuno.
5. **Rompe el ayuno con cuidado** – Retoma la alimentación con comidas ligeras.

Preguntas de Reflexión y Estudio

1. ¿Qué papel ha tenido el ayuno en tu vida espiritual hasta ahora?
2. ¿Por qué crees que Jesús esperaba que Sus seguidores ayunaran?
3. ¿Qué ejemplo bíblico de ayuno te inspira más: Moisés, Ester, Daniel o Jesús?
4. ¿Qué distracciones podrías dejar a un lado para buscar más de Dios?
5. Planifica un ayuno este mes (una comida, un día, o un ayuno parcial). Escribe tus oraciones y observa cómo Dios responde.

Capítulo 9 – La Oración de Acuerdo

El Poder de la Oración Unida

Hay algo extraordinariamente poderoso cuando los creyentes se unen en oración. La oración individual es esencial, pero la Escritura enseña que la **oración corporativa multiplica el poder.** Jesús mismo prometió en Mateo 18:19–20:

> *"Otra vez os digo, que si dos de vosotros se pusieren de acuerdo en la tierra acerca de cualquiera cosa que pidieren, les será hecho por mi Padre que está en los cielos. Porque donde están dos o tres congregados en mi nombre, allí estoy yo en medio de ellos."*

Esto es la **oración de acuerdo:** cuando los hijos de Dios unen sus corazones y sus voces, el cielo responde de manera especial.

El Principio del Acuerdo

Estar de acuerdo en la oración no significa simplemente hablar al mismo tiempo, sino **unidad en corazón, fe y propósito.**

- **Amós 3:3** pregunta: *"¿Andarán dos juntos, si no estuvieren de acuerdo?"* La verdadera oración de acuerdo implica alineación.
- El acuerdo requiere fe compartida, no duda. Si uno cree y otra duda, no hay verdadero poder en la unión.
- El acuerdo también demanda humildad. No se trata de imponer nuestra voluntad, sino de buscar juntos la voluntad de Dios.

Ejemplos Bíblicos de Oración de Acuerdo

1. **La Iglesia Primitiva en Hechos 1** – Antes de Pentecostés, los discípulos perseveraban *"unánimes en oración y ruego"* (Hechos 1:14). El Espíritu fue derramado sobre creyentes unidos.

2. **La Iglesia Orando por Pedro** – Cuando Pedro estaba en prisión, la iglesia oraba unida, y Dios envió un ángel para liberarlo (Hechos 12:5–11).
3. **Josafat y Judá** – Frente a un ejército enorme, Josafat convocó al pueblo a orar juntos. Dios peleó por ellos y les dio victoria sin que levantaran una espada (2 Crónicas 20:3–22).

El Efecto Multiplicador del Acuerdo

Deuteronomio 32:30 declara: *"¿Cómo perseguirá uno a mil, y dos harán huir a diez mil...?"*

La unidad multiplica el poder espiritual. Una sola persona en oración es fuerte, pero dos o más en acuerdo pueden estremecer los cielos y derrotar huestes de tinieblas.

Ilustración: Una cerilla encendida puede iluminar un rincón. Dos cerillas encienden una llama mayor. Cien cerillas juntas pueden iniciar un fuego imparable. Así es la oración de acuerdo: un fuego colectivo que no puede ser ignorado.

Testimonios Históricos de Oración de Acuerdo

- **El Avivamiento Moravo (1727):** Un pequeño grupo comenzó una cadena de oración día y noche. Esa cadena continuó por 100 años y desató un poderoso movimiento misionero.
- **El Segundo Gran Despertar (1800s):** Creyentes se reunían en casas y capillas, orando juntos por avivamiento. El resultado fue una de las temporadas más poderosas de conversión en la historia de Estados Unidos.
- **La Iglesia en Corea del Sur:** Conocida por sus oraciones congregacionales de madrugada, miles oran en acuerdo diariamente. Este movimiento de oración ha impulsado el crecimiento explosivo de la iglesia allí.

Barreras al Acuerdo

Para experimentar el poder del acuerdo, debemos vencer la división. Jesús advirtió: *"Todo reino dividido contra sí mismo, es asolado."* (Mateo 12:25).

Obstáculos comunes incluyen:

- Orgullo o competencia.
- Duda o incredulidad.
- Pecado oculto o falta de perdón.
- Falta de enfoque o distracción.

El verdadero acuerdo requiere corazones limpios, motivos puros y unidad en Cristo.

Cómo Practicar la Oración de Acuerdo

1. **Busca un compañero o grupo de oración** – Jesús dijo que dos o tres son suficientes.
2. **Acuerda en la Palabra** – Ora sobre promesas bíblicas para asegurar alineación con la voluntad de Dios.
3. **Ora con unidad y fe** – Declara juntos lo que creen, con valentía.
4. **Sé constante** – Reúnanse regularmente hasta ver la respuesta.
5. **Celebra la victoria juntos** – Den gloria a Dios como comunidad cuando Él conteste.

Ilustración

Mover un tronco pesado es imposible para una sola persona. Pero cuando varias manos se unen en la misma dirección, el tronco se desplaza fácilmente. Así es la oración de acuerdo: lo que parecía imposible, se vuelve posible cuando oramos juntos.

Preguntas de Reflexión y Estudio

1. ¿Por qué Jesús enfatizó tanto la importancia del acuerdo en la

oración?

2. ¿Recuerdas una ocasión en la que orar con otros trajo un rompimiento que la oración individual no logró?

3. ¿Qué obstáculos en tus relaciones podrían estar impidiendo la unidad en la oración?

4. ¿Con quién podrías comprometerte a orar regularmente en acuerdo?

5. Esta semana, elige una petición específica y ora diariamente junto a otra persona creyente.

Capítulo 10 – La Oración Persistente

El Llamado a Perseverar

Una de las mayores lecciones que Jesús enseñó sobre la oración es la necesidad de la persistencia. Lucas 18:1 dice: *"También les refirió Jesús una parábola sobre la necesidad de orar siempre, y no desmayar."* ¿Por qué Jesús enfatizó la persistencia? Porque Dios se deleita en una fe que no se rinde. La oración persistente no trata de vencer la resistencia de Dios, sino de abrazar Su disposición a responder. Nos forma, fortalece nuestra fe y nos enseña a depender de Él más profundamente.

La Parábola de la Viuda Persistente

En Lucas 18:2–8, Jesús habló de una viuda que pedía justicia a un juez injusto. Aunque él no temía a Dios ni respetaba a los hombres, terminó cediendo por la insistencia de ella.

Jesús contrastó al juez injusto con nuestro Padre celestial. Si un hombre impío respondió ante la persistencia, ¡cuánto más responderá un Dios amoroso a Sus escogidos que claman día y noche!

La enseñanza es clara: ¡no dejes de orar!

Persistencia en la Biblia

- **Abraham** intercedió repetidamente por Sodoma, bajando de cincuenta justos hasta diez (Génesis 18:23–32).
- **Jacob** luchó con el ángel toda la noche y declaró: *"No te dejaré, si no me bendices."* (Génesis 32:26).
- **Ana** oró año tras año por un hijo, y Dios le respondió (1 Samuel 1:12–20).
- **Elías** oró siete veces por lluvia, enviando a su criado a mirar hasta que apareció una pequeña nube (1 Reyes 18:42–44).
- **La iglesia primitiva** oró continuamente por Pedro hasta que fue liberado por un ángel (Hechos 12:5).

La persistencia en la oración abre camino al milagro.

¿Por Qué Importa la Persistencia?

1. **Prueba nuestra fe** – ¿Creemos realmente que Dios responderá, o nos rendimos fácilmente?
2. **Purifica nuestros motivos** – Con el tiempo, aprendemos a desear lo que Dios desea.
3. **Construye resistencia espiritual** – Nos hace fuertes en el espíritu.
4. **Prepara la respuesta** – Dios a menudo está alineando circunstancias y corazones.
5. **Profundiza nuestra relación con Dios** – La comunión continua nos mantiene cerca de Él aun antes de la respuesta.

El Peligro de Rendirse

Muchos cristianos se rinden justo antes de recibir la respuesta. Gálatas 6:9 nos anima: *"No nos cansemos, pues, de hacer bien; porque a su tiempo segaremos, si no desmayamos."*

Dejar de orar es como un minero que abandona la excavación a solo unos centímetros de la veta de oro. No sabemos cuán cerca estamos de la respuesta, por eso debemos perseverar.

Testimonios de Oración Persistente

- **George Müller** oró por la salvación de cinco amigos. Uno se convirtió después de cinco años; dos después de diez; el cuarto tras veinticinco; y el quinto fue salvo en su funeral. Müller nunca dejó de orar.
- **El Avivamiento de Gales (1904)** nació de pequeños grupos que oraban con constancia, aun cuando parecía que nada ocurría.

• Muchos padres han orado por hijos pródigos durante décadas, hasta verlos volver a Cristo.

Ilustración

La oración persistente es como el agua que gotea constantemente sobre una roca. Una sola gota parece insignificante, pero con el tiempo perfora la piedra. Cada oración suma, debilitando la resistencia hasta que la respuesta se manifiesta.

Cómo Cultivar Persistencia en la Oración

1. **Pon metas de oración** – Sé específico con lo que esperas de Dios.
2. **Ora diariamente** – Haz de la perseverancia un hábito.
3. **Lleva un diario de oración** – Anota peticiones y observa el progreso.
4. **Afírmate en la Palabra** – Usa las promesas bíblicas como fundamento.
5. **Rechaza el desánimo** – Cuando la duda ataque, proclama la fidelidad de Dios.
6. **Celebra pequeñas señales** – Agradece por cada paso de avance hacia la respuesta completa.

Preguntas de Reflexión y Estudio

1. ¿Alguna vez dejaste de orar por algo demasiado pronto? ¿Qué aprendiste?
2. ¿Qué ejemplo bíblico de oración persistente te anima más?
3. ¿Qué petición en tu vida requiere oración constante ahora mismo?
4. ¿Cómo puedes proteger tu corazón del desánimo cuando las respuestas tardan?
5. Esta semana, elige una petición y comprométete a orar por ella

todos los días durante 30 días.

Capítulo 11 – Los Resultados de la Oración

La Oración Produce Fruto

Dios nunca llama a Sus hijos a orar en vano. Cada oración hecha con fe produce fruto. A veces la respuesta llega rápidamente; otras veces, lentamente. En ocasiones, de formas inesperadas. Pero una cosa es segura: **la oración siempre produce resultados** en nosotros, en otros y en el mundo.

Isaías 55:11 nos asegura: *"Así será mi palabra que sale de mi boca; no volverá a mí vacía, sino que hará lo que yo quiero, y será prosperada en aquello para que la envié."* Cuando nuestras oraciones se alinean con la Palabra de Dios, no pueden fallar.

1. La Oración Trae Paz

Filipenses 4:6–7 promete: *"Por nada estéis afanosos, sino sean conocidas vuestras peticiones delante de Dios en toda oración y ruego, con acción de gracias. Y la paz de Dios, que sobrepasa todo entendimiento, guardará vuestros corazones y vuestros pensamientos en Cristo Jesús."*

Muchas veces, el primer resultado de la oración no es un cambio externo, sino interno: una paz sobrenatural que guarda nuestro corazón aun antes de ver la respuesta.

Ilustración: Orar es como quitarse una mochila pesada y colocarla sobre los hombros de Dios. El peso se levanta y la paz reemplaza la ansiedad.

2. La Oración Trae Fortaleza

Isaías 40:31 declara: *"Pero los que esperan a Jehová tendrán nuevas fuerzas; levantarán alas como las águilas; correrán, y no se cansarán; caminarán, y no se fatigarán."*

La oración es el lugar donde se renuevan nuestras fuerzas.

- **Ejemplo:** Elías, desanimado y cansado, fue fortalecido tras orar y recibir provisión divina (1 Reyes 19:4–8).

- **Ejemplo:** Jesús, en Getsemaní, fue fortalecido por un ángel en respuesta a Su oración (Lucas 22:43).

3. La Oración Trae Sanidad y Liberación

Santiago 5:14–15 enseña: *"¿Está alguno enfermo entre vosotros? Llame a los ancianos de la iglesia, y oren por él... Y la oración de fe salvará al enfermo, y el Señor lo levantará."*

- **Ejemplo:** Ezequías oró por sanidad, y Dios le añadió quince años de vida (2 Reyes 20:1–6).
- **Hoy:** Multitudes testifican de sanidades físicas, emocionales y espirituales en respuesta a la oración.

Ilustración: La oración es como medicina celestial administrada directamente por el Gran Médico.

4. La Oración Trae Provisión

Jesús enseñó a pedir: *"El pan nuestro de cada día, dánoslo hoy."* (Mateo 6:11). Dios se deleita en suplir las necesidades de Sus hijos.

- **Ejemplo:** Elías fue alimentado milagrosamente por cuervos durante la sequía (1 Reyes 17:6).
- **Ejemplo moderno:** George Müller, al dirigir orfanatos, nunca pidió ayuda a hombres, solo a Dios en oración. Una y otra vez, el alimento llegaba justo a tiempo.

5. La Oración Trae Salvación

La salvación misma comienza con una oración. Romanos 10:13 afirma: *"Porque todo aquel que invocare el nombre del Señor, será salvo."*

- **Ejemplo:** Cornelio, el centurión romano, oraba fielmente. Dios envió a Pedro, y toda su casa fue salva (Hechos 10:1–48).

- **Ejemplo actual:** Innumerables padres y abuelos han visto a sus seres queridos venir a Cristo tras años de intercesión.

6. La Oración Trae Avivamiento

Ningún avivamiento en la historia ha comenzado sin oración. 2 Crónicas 7:14 nos da la clave: *"Si se humillare mi pueblo, sobre el cual mi nombre es invocado, y oraren, y buscaren mi rostro, y se convirtieren de sus malos caminos; entonces yo oiré desde los cielos, y perdonaré sus pecados, y sanaré su tierra."*

- **Ejemplo:** El Primer Gran Despertar (1700s) fue impulsado por oración ferviente en Europa y América.

- **Ejemplo:** El Avivamiento de Azusa Street (1906) nació de reuniones de oración sencillas en Los Ángeles, y transformó el cristianismo global.

7. La Oración Trae Victoria Sobre el Enemigo

La oración es un arma en la guerra espiritual.

- **Ejemplo:** Daniel oró, y ángeles pelearon contra principados demoníacos para traerle la respuesta (Daniel 10:12–13).

- **Ejemplo:** Pablo y Silas oraron y cantaron himnos en prisión; las cadenas se rompieron y las puertas se abrieron (Hechos 16:25–26).

La oración no solo protege: ¡vence al enemigo!

¿Por Qué Algunas Respuestas se Retrasan?

Cuando no vemos resultados inmediatos, no significa que Dios no escucha. Puede que Él esté:

- **Probando nuestra fe** – ¿Seguiremos confiando?
- **Purificando nuestros motivos** – ¿Deseamos Su gloria o nuestro beneficio?
- **Ordenando las circunstancias** – Preparando a personas y situaciones para Su plan perfecto.
- **Obrando en lo invisible** – Como una semilla bajo tierra, la respuesta puede estar germinando antes de brotar.

Ilustración

Orar es como sembrar semillas en un huerto. Algunas brotan rápido, otras tardan semanas. Pero si seguimos regando y esperando, la cosecha llegará.

Preguntas de Reflexión y Estudio

1. ¿Qué resultado de la oración (paz, fortaleza, sanidad, provisión, salvación, avivamiento, victoria) has experimentado más claramente en tu vida?
2. ¿Cómo has sentido la paz de Dios en medio de la prueba al orar?
3. ¿Tienes un testimonio de una oración contestada de manera inesperada?
4. ¿Qué área de tu vida necesita ahora los resultados de la oración persistente?
5. Esta semana, enfoca tu oración en un resultado específico que anhelas experimentar y registra lo que Dios hace.

Capítulo 12 – Viviendo un Estilo de Vida de Oración

Más Allá de la Oración Ocasional

Para muchos creyentes, la oración es un evento: algo que se hace en la iglesia, antes de comer o en momentos de crisis. Pero la Biblia nos llama a algo mucho más profundo: **un estilo de vida de oración**.

Pablo exhorta en 1 Tesalonicenses 5:17: *"Orad sin cesar."* Esto no significa estar repitiendo palabras constantemente, sino vivir en una comunión continua con Dios, en todo momento y en todo lugar. La oración no debe ser parte de la vida; debe ser la atmósfera de la vida.

¿Qué Significa "Orar sin Cesar"?

1. **Conexión continua** – Como una llamada que nunca termina, mantenemos nuestros corazones conectados con Dios.

2. **Actitud de dependencia** – La oración se convierte en nuestra primera respuesta ante cada situación.

3. **Conciencia de la presencia de Dios** – Vivir recordando que Él está con nosotros en cada instante.

4. **Conversación espontánea** – Susurrar oraciones mientras caminamos, trabajamos o conducimos.

Jesús: Una Vida de Oración Constante

Jesús modeló lo que significa vivir en oración. Oraba en la mañana, en la noche, antes de comer, antes de decisiones, en gozo, en dolor y aun en Su último aliento. Para Él, la oración no era un evento, sino un estilo de vida.

Si el Hijo de Dios necesitó vivir en oración constante, ¡cuánto más nosotros!

Beneficios de un Estilo de Vida de Oración

1. **Cercanía con Dios** – La oración nos hace más sensibles a Su voz.
2. **Dirección diaria** – El Espíritu nos guía en nuestras decisiones.
3. **Paz y gozo** – La ansiedad se disipa cuando llevamos todo a Dios.
4. **Fuerza contra la tentación** – Jesús advirtió: *"Velad y orad, para que no entréis en tentación."* (Mateo 26:41).
5. **Fruto en el ministerio** – La efectividad espiritual fluye de una vida saturada de oración.

Obstáculos para un Estilo de Vida de Oración

1. **La ocupación excesiva** – Llenar nuestras agendas tanto que no quede espacio para Dios.
2. **Distracciones** – Tecnología, entretenimiento y ruido que roban nuestro enfoque.
3. **Compartimentalización** – Pensar que la oración pertenece solo a "momentos espirituales."
4. **Falta de disciplina** – Descuidar el hábito de tiempos intencionales con Dios.

Prácticas para Desarrollar un Estilo de Vida de Oración

1. **Devoción matutina** – Comienza cada día con oración y lectura bíblica.
2. **Oraciones breves** – Eleva frases simples durante el día (ej. "Guíame, Señor" o "Gracias, Jesús").
3. **Caminatas de oración** – Intercede mientras recorres tu vecindario.
4. **Diario de oración** – Registra tus conversaciones con Dios y Sus respuestas.

5. **Oración en familia** – Hazla parte de las comidas, decisiones y noches.
6. **Oración en comunidad** – Únete a grupos de oración en tu iglesia.
7. **Oración nocturna** – Termina el día agradeciendo y entregando tu descanso a Dios.

Ilustración

Un ser humano no respira solo en momentos de necesidad, sino constantemente. La respiración sostiene la vida. Así también la oración: debe ser como el respirar espiritual, continuo e indispensable para sostener nuestra relación con Dios.

Ejemplos de un Estilo de Vida de Oración

- **Hermano Lorenzo** (1600s) escribió *La Práctica de la Presencia de Dios*, donde describía cómo vivía en oración aun mientras lavaba platos en un monasterio.
- **Smith Wigglesworth** decía que rara vez oraba más de 30 minutos seguidos, pero nunca pasaba más de 30 minutos sin orar.
- **Madre Teresa** encontraba a Dios en los pobres porque mantenía un espíritu constante de oración.

El Objetivo: Ser Casa de Oración

Isaías 56:7 declara: *"Porque mi casa será llamada casa de oración para todos los pueblos."*

Y ahora, bajo el nuevo pacto, esa casa no es solo un templo físico, sino nosotros, porque somos el templo del Espíritu Santo (1 Corintios 6:19).

Nuestra vida entera debe ser marcada por la oración, hasta que otros puedan decir que somos, literalmente, una "casa de oración."

Preguntas de Reflexión y Estudio

1. ¿Qué significa para ti "orar sin cesar"?
2. ¿Qué distracciones diarias más suelen apartarte de la oración?
3. ¿Qué prácticas simples podrías implementar esta semana para cultivar un espíritu constante de oración?
4. ¿Cómo puedes transformar actividades cotidianas en momentos de comunión con Dios?
5. Escribe una oración breve ("oración de aliento") que puedas repetir varias veces al día, recordando la presencia de Dios.

Conclusión – Un Llamado a la Oración

La Mayor Necesidad de la Iglesia

A lo largo de la historia, naciones han surgido y caído, imperios han brillado y se han apagado, pero una verdad permanece: Dios se mueve en respuesta a la oración de Su pueblo. Más que programas, estrategias o innovaciones, la mayor necesidad de la iglesia hoy es un **regreso a la oración.**

Leonard Ravenhill dijo una vez: *"Ningún hombre es más grande que su vida de oración."* Y lo mismo es cierto de la iglesia: ninguna iglesia es más grande que su vida de oración. Podemos tener sermones elocuentes y agendas llenas, pero sin oración, carecemos de poder.

La Oración Cambia la Historia

- Fue la oración la que cerró la boca de los leones en tiempos de Daniel.
- Fue la oración la que trajo fuego sobre el Monte Carmelo a través de Elías.
- Fue la oración la que dio a luz a la iglesia en Pentecostés.
- Fue la oración la que rompió cadenas en la prisión de Filipos.

Si la oración cambió la historia entonces, puede cambiarla ahora. Nuestro Dios no cambia (Hebreos 13:8).

Un Llamado al Creyente

Amado hijo de Dios: tú estás llamado a ser una persona de oración. No pienses que la oración es solo para pastores o "espirituales." Santiago 5:17 nos recuerda que Elías era *"hombre sujeto a pasiones semejantes a las nuestras"* - era humano como nosotros. Sin embargo, sus oraciones cerraron y abrieron los cielos.

Si Elías pudo orar con tal efectividad, ¡también tú puedes!

Un Llamado a las Familias

Los hogares deben volver al altar de oración. En muchos, la televisión y las redes han reemplazado la oración en familia. Pero los hogares más fuertes son aquellos cimentados en la oración unida. Padres que oran con sus hijos siembran semillas de fe que durarán generaciones.

Un Llamado a las Iglesias

La iglesia nació en un aposento alto, en oración unida (Hechos 1:14). El fuego de Pentecostés cayó sobre creyentes que estaban juntos clamando a Dios. Hoy, nuestras iglesias deben volver a esa postura de dependencia.

Una iglesia que ora verá avivamiento. Una iglesia que descuida la oración inevitablemente se debilitará.

Un Llamado a las Naciones

2 Crónicas 7:14 nos da la clave para la sanidad nacional:

"Si se humillare mi pueblo, sobre el cual mi nombre es invocado, y oraren, y buscaren mi rostro, y se convirtieren de sus malos caminos; entonces yo oiré desde los cielos, y perdonaré sus pecados, y sanaré su tierra."

La sanidad de las naciones no comienza en los palacios ni en los parlamentos, sino en los lugares de oración.

La Oración como Fuego de Avivamiento

Cada avivamiento ha comenzado con oración, y cada avivamiento ha muerto cuando cesó la oración. Si queremos ver la gloria de Dios cubrir la tierra, debemos estar dispuestos a doblar nuestras rodillas.

La oración no prepara para la batalla - **la oración es la batalla**. Cuando la iglesia ora, el infierno tiembla, el cielo se alegra y el Reino de Dios avanza.

Tu Invitación

En este libro hemos visto qué es la oración, por qué es poderosa, cómo Jesús la modeló, cómo el Espíritu la fortalece, cómo la persistencia trae respuesta y cómo diferentes expresiones de oración producen transformación. Pero ahora, el llamado es para ti.

¿Será la oración un acto ocasional en tu vida, o será el latido constante de tu caminar con Dios?

Exhortación Final

Levántate, guerrero de oración. Tus oraciones cuentan. Son incienso que sube delante del trono de Dios (Apocalipsis 5:8). Sacuden fortalezas, salvan almas y cambian destinos. El cielo espera. La tierra gime. Dios escucha. **Así que ora; ora con fe, ora con persistencia, ora con fuego, ora hasta que el cielo invada la tierra.**

Plan de Acción Sugerido

- Establece un **tiempo fijo diario de oración** (aunque sean 15 minutos).
- Crea un **diario de oración** para anotar peticiones y respuestas.
- Practica al menos **un ayuno** en el mes.
- Encuentra un **compañero de oración** con quien unirte regularmente.
- Revisa esta guía al final de cada semana para medir tu crecimiento.

Biografía del Autor – Dr. Greg Wood

El Dr. Greg Wood es un misionero de segunda generación que ha servido en México por más de **50 años**. Hijo de **Vernon D. Wood y Charlotte Wood**, los primeros misioneros enviados por **Kingsway Fellowship International**, continúa con un legado de evangelismo, compasión y dedicación al Evangelio.

Posee un **Doctorado del Shalom Bible College and Seminary** y es el **Fundador y Presidente de Latin American Mission Ministries**, una organización dedicada a la evangelización, la capacitación de líderes y el alcance humanitario en América Latina. El Dr. Wood también funge como **Director del Instituto Teológico Internacional Fuente de Vida**, formando pastores y líderes para un ministerio eficaz, y como **Director de la Casa Hogar Nuevo Amanecer en Padilla, Tamaulipas México**, donde se brinda cuidado a niños abusados, descuidados y abandonados.

Si desea apoyar a la Casa Hogar o recibir más información sobre el ministerio, puede comunicarse a:

Latin American Mission Ministries
P.O. Box 240
Pharr, Texas 78577
drgregwood@fuentedevidamx.org

Don't miss out!

Visit the website below and you can sign up to receive emails whenever Dr. Greg Wood publishes a new book. There's no charge and no obligation.

https://books2read.com/r/B-A-GGWME-OUFWG

BOOKS 2 READ

Connecting independent readers to independent writers.

www.ingramcontent.com/pod-product-compliance
Lightning Source LLC
Chambersburg PA
CBHW060428090426
42734CB00011B/2488